(唐)釋道宣 撰

宋思溪藏本廣弘明集

第一一册

國家圖書館出版社

第十一册目録

廣弘明集 第二十八

四百七十八

聚八

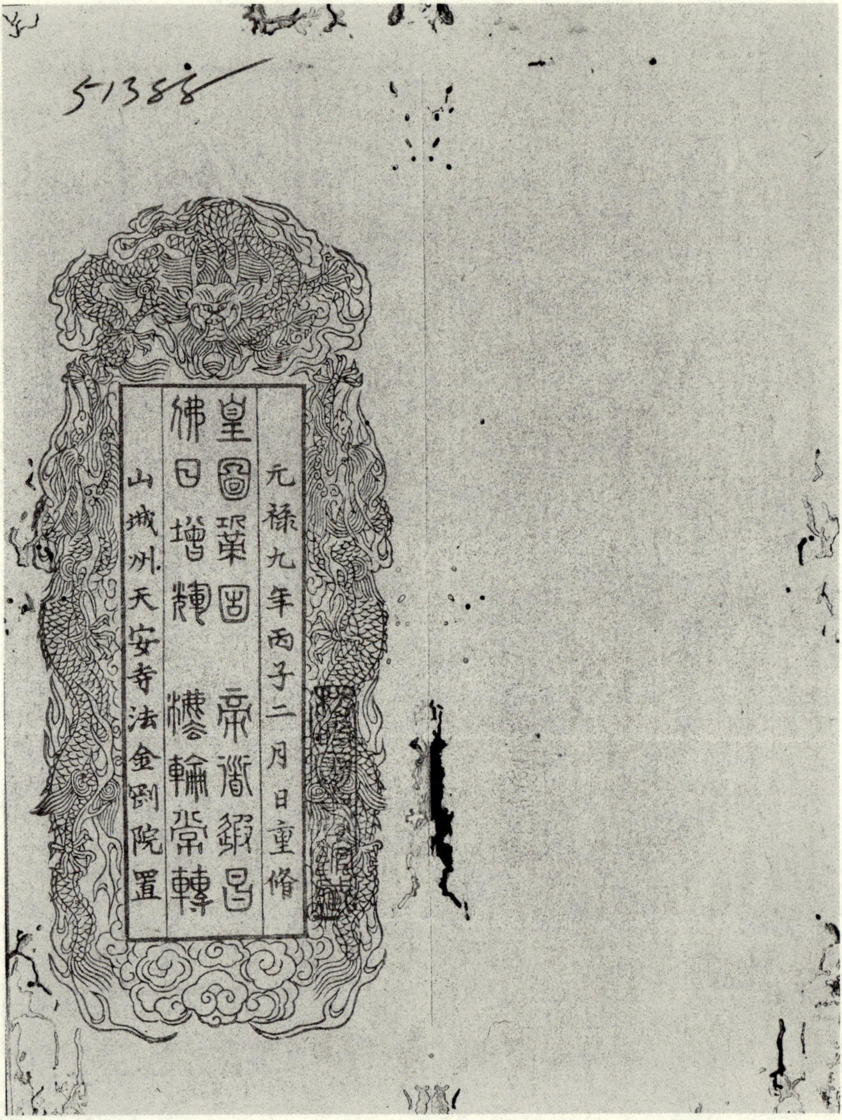

51388

元祿九年丙子二月日重脩

皇圖鞏固　帝道遐昌

佛日增輝　法輪常轉

山城州天安寺法金剛院置

廣弘明集卷第二十八　　聚

終南山釋氏道宣撰

啓福篇序

福者何耶所謂感樂受以安形取歡娛以悅性也然則法王立法周統識心三界牢獄三科檢定一罪二福三曰道也罪則三毒所結繫業屬於鬼王論其相狀後篇備列福則四弘所成我固屬於天主道則虛通無滯據行不無明昧昧則乘分小大智涉信法明則特達理性高超有空斯道昌明如別所顯今論福者悲敬爲初悲則哀苦趣之艱辛思拔濟而出離敬則識佛法之難遇弘信仰而澄者

緣境乃涉事情據理惟心爲本故虛懷不擧
則其福不回於自他倒想未移則作業有乖
於事用故綿古歷今相從不息王者識形有
之非我興住持於塔寺餘則因於不足多行
施以周給是知爲有造業未曰超昇多由起
過重增生死故云爲有造罪一向須捨爲有
起福雖行不著由斯意致位行兩分滯則增
生捨則增道道據逆流出凡入聖福則順生
興倒結業故啓福本擬歷賢明

梁代弘明集啓福篇、　王該日燭

唐廣弘明集啓福篇第八 悔罪篇附

北代南晉前秦前燕南燕後秦諸帝

與太山朗法師書并荅 晉王洽
與林法師書
南齊皇太子禮佛願跡 沈休文
捨身願跡 沈休文
南齊南郡王捨身跡 沈約
依諸經中行懺悔願文 梁高祖
千僧會願文 沈約
四月八日度人出家願文 梁簡文
八關齊制序 并制十條 梁簡文
爲人造寺疏 梁簡文
謝勑賚袈裟啓三首 梁簡文
爲諸寺作檀越願疏 梁簡文

隋後高祖爲太祖造寺碑詔　李德琳

隋高祖於相州戰場立寺詔

隋煬帝行道度人天下勑

唐太宗於行陣所立七寺詔

唐太宗爲戰亡人設齋行道詔

唐太宗度僧於天下詔

唐太宗斷賣佛像勑

與暹律師等書　褚亮

唐太宗捨舊宅爲寺詔

唐太宗爲穆后追福手疏

周武帝二教鐘銘

唐太宗大興善寺鍾銘

唐東宫皇太子西明寺鍾銘

比代魏天子拓跋珪書

皇帝敬問太山朗和尚承妙聖靈要須經略

巳命元戎上人德同海岳神筭遐長冀助威

謀克寧荒服今遣使者送素二十端白氈五

十領銀鉢二枚到願納受

晉天子司馬昌明書

皇帝敬問太山朗和尚承叡德光時飛聲東

嶽靈海廣淹有生蒙潤大人起世善翼匡時

輒伸經略懸稟妙筭昔劉曜創荒戎狄繼業

元皇龍飛遂息江表舊京淪没神州傾蕩蒼

生荼蓼寄在左衽每一念至嗟悼朕心長驅

魏趙掃平燕代令龍旗方興剋復伊洛思與
和尚同養群生至人通微想明朕意令遣使
者送五色珠像一軀明光錦五十疋象牙簞
五領金鉢五枚到願納受

僧朗頓首頓首夫至人無隱德生爲聖非德
非聖何敢有喻忝曰出家栖息塵表慕靜山
林心悕玄寂靈迹難逮形累而已奉被詔命
慰及應否大晉重基先承孝治惠同天地覆
養無邊願開大乘申揚道味僧朗頓首頓首

秦天子符堅書

皇帝敬問太山朗和尚大聖膺期靈權超
逸蔭蓋十方化融無外若山海之養群生

等天地之育萬物養存生死澄神寂妙
朕以虛薄生與聖會而隔萬機不獲輦
駕今遣使人安車相請庶冀靈光迴蓋
京邑今并送紫金數斤供鍍形像綃綾
三十疋奴子三人可備洒掃至人無違幸
望納受想必玄鑒見朕意 僧朗頓首頓首
如來永世道風潛淪忝在出家栖心山嶺精
誠微薄未能弘匠不悟陛下遠問山川詔命
慇懃實感恩旨氣力虛微未堪跋涉願廣開
法輪顯保天祚僧朗頓首頓首蒙重惠賜即
爲施設福力之功無不蒙賴貧道才劣不勝
所重

燕天子慕容垂書

皇帝敬問大山朗和尚澄神靈緒慈陰百國凡在含生孰不蒙潤朕承藉纂統方夏事膺昔蜀不恭魏武含慨今二賊不平朕豈獲安又元戎剋興征掃暴亂至人通靈隨權指化願兵不血刃四海混伏委心歸誠久敬何已今遣使者送官絹百疋袈裟三領綿五十斤幸爲呪願

僧朗頓首頓首能仁御世英規遐邈光敷道化融濟四海貧道忝服道味習教山林豈惟詔旨諮及國難王者膺期統有六合大能弁小自是常倫若葵藿之傾太陽飛步之宗麟鳳皇澤載融群生繫仰陛下

高明何思不服貧道窮林蒙賜過分僧朗頓首

南燕天子慕容德書

皇帝敬問太山朗和尚遭家多難災禍屢臻
昔在建熙王室西越賴武王中興神武御世
大啓東夏拯拔區域遐迩蒙蘇天下幸甚天
未忘災武王即晏永康之始西傾東蕩京華
主上播越每思靈闕屏營飲淚朕以無德生
在亂兵遺民未幾繼承禄幸和尚大恩神祇
蓋護使者送絹百疋并假東齊王奉高山茌
二縣封給書不盡意稱朕心焉　僧朗頓首
陛下龍飛統御百國天地融溢皇澤載賴善
逢高鑒惠濟黔首蕩平之期何憂不一陛下

信向三寶恩旨殊隆貧道味靜深山豈臨
此位且領民戶興造靈刹所崇像福冥報有
歸僧朗頓首頓首

秦天子姚興書

皇帝敬問太山朗和尚懃神履道飛聲映世
休問遠振常無已已朕京西夏思濟大猷今
關未平事唯左右已命元戎剋寧洛冀因
斯會東封巡省憑靈伏威須見指授今遣使
者送金浮啚三級經一部寶臺一區庶望玄
鑒照朕意焉

與林法師書

晉王洽

洽稽首和南夫教之所由必暢物之所未悟

物之所以通亦得之於師資雖玄宗沖緬妙
旨幽深然所以會之者固亦簡而易矣是以
致雖遠必假近言以明之理雖昧必借朗喻
以徵之故夫殆墜之旨可得之於千載將絕
之趣可悟之於一朝今本無之談旨略例坦
然每經明之可謂衆矣然造精之言誠難爲

允理詣其極通之未易豈可以通之不易因
廣異同之説遂令空有之談紛然大殊後學
遲疑莫知所擬今道行指歸通叙色空甚有
清致然未詳經文爲有明旨耶或得之於象
外觸類而長之乎今衆經甚多或取譬不遠
豈無一言昭然易喻古人有云聖人之言可

能使人信之不可能是以徵之於文未知所
釋今故諮其數事思聞嘉誨以啓其疑洽稽
首和南

南齊皇太子禮佛願跡　沈休文

維年月朔日子皇太子諱稽首和南十方諸
佛一切賢聖夫至理可祈必憑誠於正覺極
妙有感乃歸仰於眞如然後取證現前獲驗
兹日去歲皇帝暫虧御膳小廢乹行四海震
惶百司戰悚諱歷劫多幸夙世善緣忝生王
家叨守儲嗣臣子心地倍用焦迫禁門旦啓
欣問豎之安寢城扉早闢訪饍夫之宰祇樹
獨園伏膺下拜伽藍精舍繞足頂禮百神徵

衛萬福具臻曾不信宿聖躬和愈豈非三寶
之弘慈十号之法力既而天從心欲誠願克
果今於崇正殿奉還法會千僧仍留百僧八
關行道又度二士同日出家惟願藉此功德
奉資皇帝陛下壽與南山共久年將北極俱
長道懋農軒德高堯舜上界八萬之劫可期
下方七百之祚未擬元良之位長守膝下之
懽上嗣之所永保懷袖之愛以茲法田奉中
宮皇后殿下福履攸善無思不屆天母之德
厚載不能加任姒之盛坤儀寧足匹未及諸
王妃主宮掖嬪房未來因緣過去眷屬並同
茲辰預此慈善又普爲積苦餓鬼受罪畜生

三途八難六道十惡水陸蠢動山藪翾飛濕

生化生有想無想皆藉今日慈悲咸遣浣濯

人天攝受幽顯證明庶憑衆力共相津濟謹跡

捨身願跡　　沈約

優婆塞沈君敬白十方三世諸佛本師釋迦

如來安養阿弥陀世尊云云一切衆聖今日

道俗諸大賢德夫形非定質衆緣所聚四微

不同風火亦異析而離之本非一物燕肝越膽

未足爲譬靜念求我無時可得而積此淪昏

生生不已一念儻值曾未移時障習相蕩旋

迷厥路橫指空呼名之爲有豐己傷物日夜

靡休蓄身外之財以充其慾攘非己之分用

成其役豈直温肌歉腹若此而已哉至於積
篋盈藏未嘗登體溢俎充庖既飫斯棄曾不
知粟帛所從事非因已悠悠黔首道同有其
分離多共寡猶或未均我若有餘物何由足
仁者之懷不應若此侵他之財世稱爲盜盜
之甚者孰過於斯幽顯推求無一或可君仰
藉時來久秉休運玉粒晨炊華燭夜炳自此
迄今歷年三十遂乃服冕榮國裂土承家潤
盈身己慶流僕妾室非懸磬俸有兼金救寒
止於重裘而笥委餘襲冬夜既蒙累璽而櫝
有贏衾自斯已上役長非一雖等彼豪家其陋
已甚方諸窶室所邁寔多悟此非常事由諸

佛有懷捨散宜光道場飢寒困苦爲患乃切
布滿州縣難悉經緣其當稱力因事一旦隨
年頭目髓腦誠難輕慕虧己贍物未易頓行
撍欲廣念深恩積微成著施路檀門冀或能
踐以大梁天監之八年年次玄枵日般鳥度
夾鍾紀月十八在於新所創蔣陵皇宅請佛
及僧鬄鬀衹樹息心上士凡一百人雖果謝
菴園飰非香國而野粒山蔬可同屬饜兼捨
身資服用百有一十七種微自損撤以奉現
前衆僧夫室家恚苦刀俎非切制除蕭散形
質超然蠢彼群生咸有佛性不因翦削此路
莫由緣業外互世諦煩記變形改飾即事爲

難故關以八支導彼清信一日一夜同佛出
家本弘外教事非僧法而世情乖舛同迷斯
路招屈名僧賓之虛室主人高卧取逸閑堂
呼爲八關去之實遠雖有供施之緣而非斷
漏之業約今謹自即朝至于明旦排遣俗累
一同善來分留上德勗成微志藉此輕因庶
證來果功德之言非所敢及

南齊南郡王捨身疏　沉約

弟子蕭王上白諸佛世尊道德僧衆夫色固
無象觸必歸空三世若假八微終散雖復迴
天震地之威窮於寂滅齊冠楚組之麗靡枚
埃壤而嗜慾易繁每疚心術捨施難弘用迷

假照弟子樹因曠劫嚮報兹生託景中璇璣華日彩玉組鳳紆蕃麾早建蘭池紫燕之乘擾於外閑黼帳翠帷之飾光於中寢徒以心源丞滯情路未昭識謝兼忘理慙獨悟不絶叶調五氣綏御六神霜暑或褰風露時舛是以敷襟上寳栖誠妙覺敬捨肌膚之外凡百

一十八種當今經衛夙理府給時順萬祉雲翔百妖窮滌望北極而有恒瞻南山而同永又願宸居納祐則天均慶少陽介福儷日承休儲妃闈膺祥之符皇枝廣惟祺之祚敬飾崇甍嚴置寶幄仰延息心旁旅清信勗兹弘誓證其幽疑庶可以感降禎和招對靈應玄

塗匪昧要之無爽

千僧會願文　沈休文

弟子沈約上白十方諸佛十方諸大聖今日見前衆僧三界非有五陰皆無四倒十纏共相和合一切如電揮萬劫於俄頃丘井易淪終漂沉於苦岸迷塗邃遠弱喪忘歸區區七尺莫知其假耳目之外謂爲空談靡依靡歸不信不受生靈一謝再得無期約所以撫心自惻臨踐非譬者也至聖凝寂無迹可尋緣應所感事惟拯物持鉢安行出彼祇樹不逾停午以福衆生芳塵餘法峨然未改約以往夏遘羅痾疾帝上哀矜深垂慜慮以月次祖

暑日在丙寅仰會千僧於其私宅隆兹重施
弗知所限既巳奉祇洪德又思自罄家財一舉
盈千力難私辦稍而後滿事式易充草堂約
法師於所住山寺爲營八集其一仰憑上定
林寺祐法主今月二十九日第十會集百僧
於所創田廬福不唐捐聞之經訓心路皎然
又過於此凡有消毫應證來業無巨無細咸
歸聖主仰願十方共明此誓豈足少酬天眷
蓋以微寄誠心云尒

四月八日度人出家願文　　梁簡文

弟子蕭綱以今日建齋設會功德因緣歸依
十方盡虛空界一切諸佛歸依十方盡虛空

界一切尊法歸依十方盡虛空界一切聖僧竊聞涅槃經言身如畫水隨畫隨合是身不淨九孔常流凡夫愚人常行味著愚癡羅剎止住其中又如瑞應經言沙門之爲道也捨家妻子捐棄愛欲斷絕六情守戒無爲其清淨得一心者則萬邪滅矣一心之道謂之羅漢聲色不能染榮位不能屈難動如地以免憂苦故知出恩愛獄薄俗爲難善來比丘其福深重弟子以此因緣今日度人出家願一切六道四生常離愛欲永拔無明根削遺闇惑心修習般若慧足踐輕輪之光口說懸珠之辯被忍辱鎧秉智慧刀乘菩薩車坐如來

座結纏披解頂相光明戒因清白後報尊重所有果業皆悉勝出受持法藏爲佛眞子一切道行皆悉能行一切大誓不休不息仰願十方盡虛空界一切諸佛仰願十方盡虛空界一切尊法仰願十方盡虛空界一切聖僧咸加證明又仰願十方盡虛空界一切諸天仰願十方盡虛空界一切諸仙仰願十方盡虛空界一切聰明正直守護一切善神又願今日見前幽顯大衆咸加證明今日誓願使弟子蕭綱得如所願滿菩提願一切衆生皆悉隨從得如所願

八關齋制序

梁簡文

夫五宅易昏四流不泊業動心風情漂愛欲
自非識達眞空照靈珠於難曉神緣妙境蓄
慈根於末化無以却此四魔登玆十善今列
筵肅靜高宇閑邃香吐六銖烟浮五色目對
金容耳飡玉韻無容使情緣異染形不肅恭
類倚於鴛宮同力於羊角宜制此心蛇祛斯
醉象立制如左咸勉聽思謹條八關齋制如
左睡眠籌至不覺罰禮二十拜擊香鑪聽經
三拜一　出不請剌罰禮十拜二
出過三拜經不還罰禮十拜三
鄰座睡眠維那至而不語者罰禮十拜四
鄰座睡眠私相容隱不語維那者罰禮十拜五

維那不勤聽察有犯制者不即糺舉爲衆座所
發覺者維那罰禮二十拜擎香鑪聽經三契六
白黑維那更相糺察若有阿隱罰禮二十拜七
聽經契終有不唱讚者罰禮十拜八
請刺無次第罰禮十拜九
請刺白黑刺有誤者罰禮十拜十

為人作造寺疏　梁簡文

郢州某甲敬白竊以布金須達表精舍於給
園影石仙人造伽藍於離越莫不事表區中
心憑眞外但四纏惑惱去善源而無滌五濁
重圍非慧刃而安揮故以愍彼濕薪傷茲滴
器今於郢州某山爲十方僧建立招提寺崇

負郊原面帶城雉枕倚巖巒吐納煙雲重門洞啓未創飛行之殿步攔中霤猶寘密石之功嚴飾之理難階瓶鉢之資已罄道俗儻能微留善念薄辯勝緣則事等觀香義同錫乗昔人修檀捨手雨七寶前賢溥施掌出雙金福有冥移言無多遜謹跡

謝勑賚納袈裟啓　臣綱啓殿師吴苗奉宣勑旨垂賚鬱泥細納袈裟一緣分同妙葉界寫長塍拂石懸華裁金非重是日新涤厥惟田服方使幽貞芳杜恥緝芙蓉仙客排雲著裳飛羽穢食凡軀無明暗識叨恩每重荷澤難勝不任銘戴之至謹奉啓事謝謹啓

謝賚袈裟啓　臣綱啓蒙賚鬱泥納袈

裟一緣荀鍼秦縷因製緝而成文魯縞齊紈藉馨襞而受彩初開篋笥便覩舍衛四疇不出戶庭坐視南山塍陌竊以三銖輕輭稱美服於淨居千金巨麗得受用於迦葉而湛恩特被萃此愚躬霜降授衣曲澤便及喜溢心崖如從空中所墜忽不自知更謂寶貨支所出彩褋四色事非離世鈎蘭兩葉殊澤實隆不任荷戴之至謹啓事謝聞謹啓

謝勑賚袈裟啓

臣綱啓宣傳左右俞景茂奉宣勑旨垂賚鬱泥真納九條袈裟一緣精同織縷巧均結毳邁彼良疇成斯妙服雖復貴比千金輕踰二兩無以匹此洪恩方斯殊賚臣卧疾

累句未堪行践不獲即被新染陪侍寶坊塵緣穢體愧荷相集不任慙悚之至謹啓事謝聞謹啓

爲諸寺檀越疏　梁簡文

菩薩戒弟子蕭綱歸依十方盡虛空界一切諸佛歸依十方盡虛空界一切尊法歸依十方盡虛空界一切聖僧積習長夜輪轉覆灰沫劫易危煩流難拯不樹兩門豈修二翼常恐虛焦染惑永結駛河愛藤懸網長垂苦岸敢承三寶覺悟之力於幽顯前發弘誓願今願爲武當山太平寺并此鎮望楚白塔同安習善延明頭陀上鳳林下鳳林廣嚴等寺皆盡形壽永爲檀越雖七寶四事多謝往賢一

念片言庶符般若方類不滅之燈終非起煙之窰以此功德仰福皇帝春宮家國内外咸同此善乃至天龍八部六道四生普皆蒙福

設無礙福會教　梁蕭綸

僚紀大士廣濟義非爲己道弘群生種種方便所以虚己樂靜表之内經礭乎難拔著自外典又加獨往斯意足論隱不隔眞乃爲菩薩廬山東林寺禪房智表法師德稱僧傑實号人龍懷道守素多歷年所不爲事屈不爲時伸上下無常一相無相遂能捨彼耆闍來遊垢濁興言一面定交杵臼余以薄德謬臨大邦教義未聞貴賢揔至昔綺季之出漢年

樊許之興唐日茲廼聖王流慈天澤傍被異
人間出復在此辰不勝舞蹈帝之恩普也剋
今月十日於西賢寺設無礙會幷致敬開士躬
諮勝福下逮餐道凡厥民隸爰及庶士罔不卒
從咸皆請業上答乾慈永同彼岸外依事宣行

答湘東王書　梁簡文

暮春美景風雲韶麗蘭葉堪把沂川可浴弟
召南冥訟時綴甘棠之陰冀州爲政暫止褰
襜之務唐景薦大言之賦安太述連環之辯
盡遊玩之美致足樂耶吾春初卧疾極成委
弊雖西山白鹿懼不能瘉子豫赤丸尚憂未
振高卧六安每思扁鵲之問靜然四屋念絕

修都之香豈望文殊之來獨思吴容之辯屬以皇上慈被率土甘露聿宣鳴銀鼓於寶坊轉金輪於香地法雷驚夢慧日暉朝道俗輻湊遠邇畢集聽衆白黑日可兩三萬獨以疾障致隔聞道豈止楊僕有關外之傷周南起留滞之恨第十三日始侍法筵所以君長近還未堪執筆敬祖前邁栽欲勝衣每自念此愍然失慮江之永矣寤寐相思每得弟書輕痾遺疾尋别有信此無所伸

與琰法師書　梁簡文

五翳消空韶光表節百華異色結綵成春道體何如恒清宜也對玩清虚既在風雲之表

遊心入理差多定慧之樂弟子俗務紛紜勞倦特深瞻然北嶺欽賢已積會遇之期庶必可屏有緣之儔事等飢渴佇望來儀一日三歲想思弘利益理當無爽指遺此信無述寸衿綱和南

旦來兩氣殊有初寒攝衛已久轉得其力雖他方法界略息化緣祇洹之裏恒有語對眷佇之深無時不積久因倩師頻述方寸不知巧笑之僧頗爲律及不耳前昨已來微事義聚龍象畢同應供皆集慧炬開心甘露入頂聞之善謔特盡歡怡想味之懷轉復無極昔幼年經聞制旨受道日淺北面未深雖異禪那事同花水今改西下特蓄

本心訪理質疑屬在明德不謂般若留難現疾未瘳問律無地歎恨何已伏承輿駕尋幸伽藍冀於此時得一覲上辯論青豆之房遺惑赤花之舍追往年之宿眷述即日之寸心此事必期冀非奕指遣茲承問付有還書絪和南

與劉智藏書　梁元帝繹

菩薩蕭法車置郵大士劉智藏侍者自林宗溘反玄度言歸以結元禮之心弥益眞長之歎故以臨風望美對月懷賢有勞寤寐無忘興寢方今玄冥在節歲聿云遒日似青緹雲浮紅藥清臺炭重北宮井溢想禪悅爲娛稍符九次成誦之功轉探三密山間芳杜自有

松竹之娱巖穴鳴琴非無薜蘿之致修德之暇差足樂也昔韓梅兩福求羊二仲鄭林騰名於馮翊周黨傳芳於太原或有百溢可捐千金非貴松子爲餐蒲根是服未有高蹈真如歸宗法海梵王四鶴集林藥而相鳴帝釋千馬經丘園而蹻步有一於此猶或稱奇兼而揔之何其盛也故知南臨之水巴類呂梁之川北眺之山弥同武安之嶺豈復還思溆浦尚想彊臺睠彼漢池載懷荒谷以此相求心可知矣僕久厭塵邦本懷人外加以服膺常住諷味了因弥用思齊每增求友常欲登却月之嶺蔭偃蓋之松挹琁玉之源解蓮華之

劒藩維有限脫屣無由每坐向詡之牀恒思管寧之榻夢匡山而太息想桓亭而延佇白雲閻蒼江之不極未因抵掌我勞如何想無金玉數在郵示弱水難航猶致書於青鳥流川弗遠佇芳音於赤玉鶴望還信以代萱蘇得志忘言此寧多述法車叩頭叩頭

與約法師書　沈約

周中書風趣高奇志託夷遠眞情素韻水桂齊質自接彩同栖年逾一紀朝夕聯事靡日暫違每受沐言休逍遥寡務何甞不北茨遊覽南居宴宿春朝聽鳥秋夜臨風匪設空言皆爲實事音容滿目言笑在耳宿草旣陳楸

櫝將合眷往懷人情不勝慟此生篤信精深甘此藿食至於歲時包篚每見請求凡厥菜品必令以薦弟子輒斬而後與用爲歡謔其事未遠其人已謝昔之諧調倏成悲緒去冬今歲人鬼見分石耳紫菜愴焉興想淚下不禁指遺恭送以充蔬僧一飯法師與周情期契闊非止恒交覽物存舊弥當楚切痛矣如何往矣柰何弟子沈約和南

與印闍梨書

梁劉之遴

大喜稽首和南大喜精誠無感奄丁禍罰攀號永往五内屠鱠自咎自悼萬殁何補慈母臨終正念不亂繫想諸佛及本師至乎壽盡

凡夫戀著毋子恩深嬰此長别肝心破潰不能自任遺旨以三十兩上金奉别充道場功德九月二十八日奉營安厝終始永畢不可復希長號懊惱無心苟存伏度聞問理垂哀愍所希運心救拔必使亡靈遊於淨土不啚此啓臨紙崩絶大喜和南

與雲僧正書　梁王筠

弟子孫子筠頓首稽首和南弟子疊結幽明備嬰荼蓼攀援崩踴肌髓糜潰尋繹煩寃肝腸寸斷號天叩地永隔精誠捨命捐軀終無補益思欲仰福廣爲法事以伸罔極之痛少寄追慕之誠鑄像度僧仰遵法教建齋設會

務依經典敷說大乘誘度群生其福不淺仰
惟大正法師道心純淑至德凝深智包空有
照通眞俗多聞不窮機辯無硋一代師匠四
海推崇弟子宿植善因早蒙親眷情同骨肉
義等金蘭外書所謂冥契神交内典則爲善
友知識敬藉微緣敢陳大願來歲夏中欲仰
請講說弘法之情旣無彼此眷愛之深特希
降屈公私道俗要請旣多故預諮聞必願允
遂豈啚一旦忽有斯白臨紙崩衂曆言無次
弟子孤子王筠頓首頓首稽首和南

與長沙王別書　　梁王筠

筠頓首頓首高秋淒爽體中何如願比勝納

承入東禮拜用深傾仰昔藩后遨遊不無是
事或龍舟水嬉或臨川迭遠擬金飛旆汎此
安流猶復見重良書以爲盛德未有選日簡
辰歸誠繫念尋法城之遊追祇園之聚翹心
讚歎無以譬説僕風疾增瘵蹇廢蓬門不獲
執離弥深傾滿願敬勗白書不次王筠頓首
頓首

答雲法師書　梁劉孝綽

孝綽和南辱誨垂示勅旨所答劉太僕思効
啓義窮深遠語兼巧便伏聞希有身心踊躍
昔戈盾夾車備不虞於周后兵旗引駕防未
然於漢君斯皆執心黃屋瑞無紺馬事極褰

寓之中理隔天人之外皇上自兹善覺降迹閻浮以任地之心行則天之化故能慈導三有仁濟萬物猶以法藥末周寶舩不倦解纲却蓋躬詣道場瑞花承足人觀彫輦之盛金輪啓路物覩重英之飾顯實開權事均祇鷲本無四畏寧慮五怨思效遂膺引梁丘隨劒之説日彈觸瑟之辭何異迴龍象於兎徑洰江海於牛跡聖旨慇懃曲相誘喻豈直淨一人垢衣將以破群生之暗室弟子世傳正見幼覩眞言但惑網所縈塵勞自結微因宿植仰逢法教親陪寶座預餐香鉢復得俱聽一音共聞八解庶因小葉受潤大雲猥蒙開示

深自慶幸不勝歡喜略附陳誠劉孝綽和南

遼陽山寺願文　盧思道

齊興二十有三載區宇乂安列聖重光百神受職天平地成禮諧樂暢歛戟去鑄江海無波皇帝體膺上哲運鍾下武以至德字黔首大明臨赤縣深仁俯漏惠化潛通熒鏡六幽照蘇八表唐旌已立谿輿不遠而至殷網既開肖翹咸遂其所壇凝休氣渚慕榮光玄扈告符翠啓籙阿閣朝諠棘林夜靜西琯協律南巒迎神衣魚操龜之俗懷音請吏反踵修股之渠膜拜空首四海懾然中外禔福尉候無警書軌大同猶以為負扆垂旒人世微業

功成治定域中小道投心覺海東意玄門手
執明珠頂受甘露調御天人不徇巖廊之重
明行具足寧屑袞冕之尊十力四心東漸西
被日月出矣風雨潤之層門鮑肆化成嚴淨
之所蜉蝣蟪蛄網於仁壽之域条墟奥壤王
迹所基密都是宅別館攸在襟帶遐長原陸
爽秀高巖巒起作鎭東偏峯羅群玉鷲頭之
狀非美樹列三珠雞足之形可陋洞穴修風
生和雅之曲圓珠積水流清妙之音于時玉
燭調年金商在律職方具禮効駕西巡六龍
齊轡乃七萃梭部雷動雲移凝鑾佇蹕乃建
仁祠于彼勝地成之不日既麗且康昔周夜

初明漢池云鑿事隔荒裔道若存亡哲王馭
曆弘濟區有前聖後聖旦暮爲期以此勝因
仰爲武成皇帝及清廟聖靈願西遇弥陀上
征兜率雄視三界高臨四衢百年之神俯輕
群后一音所導遠同佛日皇太后福踰姜水
祉邁塗山壽比太陰業均厚載聖主齊明兩

曜合德二儀受錄錯於靈河開金簡於仙嶽
龍官鳥紀未可匹其光大像天任地焉能踰
其長久皇太子德茂元良道高上嗣牢籠啓
誦孕育莊丕六宮眷屬諸王昆弟皆智慧莊
嚴王華松茂永侍披香長固磐石以茲博利
被於萬品當使法界虛空生靈動植俱沐定

水同蔭法雲斯誓或差無取正覺

北齊武成帝以三臺宮爲大興聖寺詔　魏收

門下皇居帝邑揆日瞻星仞雉有常凡席斯在雖今古推移文質代變而成世作範義貴適時朕奄家四海作孚萬國當陽負扆深存庇甿濟下利物無忘懷抱昭仁訓俗不遺造次今臨饗聽朝咸極崇廣宴息之所不足遥華每謂爲之者勞居之者逸至於離宮别館有時遊幸耳目所及聊可忘懷而乃千門洞啓萬桯周架上迫雲漢下臨雷雨巧極金銅麗殫珠璧眷然長想良非宿心三臺並列蕪穢自久天保之末經構甫興仍創棟宇規摹

宏博有司過實匠人逞功珉庶勞止糜費難量既非殿寢正所便爲虛衛之地凝華生白經歷歲年不翦茅茨事頗逼下卑其宫室有可庶幾顧兹俊麗豈伊寧處自魏朝失政九域崩離人神無主實求明聖我太祖獻武皇帝握兹乾紀執斯地綱懸持日月嘯吒風雲紘忠貞以成務感靈徵而大造爰以克定之初躬圖道場之業神迹冥果理燭幽明朕嗣膺寶祚永惟家祉仰祗先志尚竦玄門思展聿修之重念歸喜捨之大肌膚匪悋國城何寶期濟率土至於圓極可以三臺宫爲大興聖寺此處極土木之壯窮丹素之妍奇怪備

於刻削光華畢於圖彩顧使靈心肹蠁神物奔會眞覺唯寂有感必通化爲淨土廣延德衆心若瑠璃法輪常轉灑甘露於大千照慈燈於曠劫

後周明帝脩起寺詔

制詔孝感通神瞻天罔極莫不布金而構祇洹流銀而成寶殿方知鹿苑可期鶴林無遠敢緣雅頌仰藉莊嚴欲使功侔天地興歌不日可令太師晉國公揔監大陟岵大陟屺二寺營造

隋文帝爲太祖武元皇帝行幸四處立寺建碑詔

李德林

門下風樹弗靜隙影如流空切欲報之心徒有終身之慕伏惟太祖武元皇帝窮神盡性感穹昊之靈膺録合圖開炎德之紀魏氏將謝躬事經綸周室勃興同心匡賛聞闢二代造我帝基猶夏禹之事唐虞晉宣之輔漢魏往者梁氏將滅親尋構禍蕭詧稱兵擁衆據有襄陽將入魏朝狐疑未決先帝出師樊鄧飲馬漢濱彼感威懷連城頓顙隋郡安陸未即從風敵人騁輔車之援重城固金湯之守乃復縛卒簡徒一舉而剋始於是日遂啓漢東蕭繹往在江陵後梁稱制外通表奏陰有異圖心迹之間未盡臣節王師薄伐帝旅推

鋒誅厥放命繼其絶視有齊未亡凶徒孔熾
連山巨防艱危万重晉水之陽是其心腹於
是鳴鼉執鉞假道北隣皮服欽風煙隨霧集
懸兵万里直指參墟左縈右拂麻積草靡雖
事未既功而英威大振齊人因以挫衂周武
賴以成功尚想王業之勤遠惟風化之始率
夷狄而制東夏用偏師而取南國豈徒湯征
葛伯周伐崇侯而已哉積德累功福流後嗣
俾朕虛薄君臨區有追仰神猷事宜眞寂降
生下土權變不常用輪王之兵伸至人之意
百戰百勝爲行十善故以干戈之器已類香
華玄黃之野久同淨國思欲崇樹寶刹經始

伽藍增長福因微副幽旨昔夏因導水尚且
銘山周曰巡遊有聞勒石帝王紀事由來尚
矣其襄陽隋州江陵晉陽並宜立寺一所建
碑頌德庶使莊嚴寶坊比虛空而不壞導揚
茂實同天地而長久
隋高祖於相州戰場立寺詔
門下昔歲周道既衰群凶鼎沸鄴城之地寔
爲禍始或驅逼良善或同惡相濟四海之內過半
豺狼兆庶之廣咸憂吞噬朕出車練卒蕩滌
妖醜誠有倒戈不無困戰將士奮發肆其威
武如火燎毛殆無遺燼于時朕在廊廟任當
朝宰德慙動物民陷網羅空切罪已之誠唯

增見辜之泣然兵者凶器戰實危機節義之徒輕生忘死干戈之下又聞殂落興言震悼日久逾深永念群生蹈兵刃之苦有懷至道興度脫之業物我同遇觀智俱愍思建福田神功祐助庶望死事之臣菩提增長悖逆之侶從闇入明並究苦空咸拔生死鯨鯢之觀化爲微妙之臺龍蛇之野永作頗梨之鏡無邊有性盡入法門可於相州戰地建伽藍一所立碑紀事其營構制度置僧多少寺之名目有司詳議以聞

隋煬帝行道度人天下勑

大業三年正月二十八日菩薩戒弟子皇帝

揔持稽首和南十方一切諸佛十方一切尊
法十方一切賢聖僧竊以妙靈不測感報之
理遂通因果相資機膺之徒無爽是以初心
爰發震動波旬之宫一念所臻咫尺道場之
地雖則聚沙蓋鮮實覆簣於耆山水滴已微
乃濫觴於法海弟子階縁宿殖嗣膺寳命臨
御區宇寧濟蒼生而德化弗弘刑罰未止万
方有罪寔當憂責百姓不足用增塵累夙夜
戰兢如臨淵谷是以歸心種覺必冀慈愍謹
於率土之内建立勝縁州别請僧七日行道
仍揔度一千人出家以此功德並爲一切上
及有頂下至無間蜎飛蠕動預禀識性無始

惡業今生罪垢藉此善緣皆得清淨三塗地獄六趣怨親同至菩提一時作佛

唐太宗於行陣所立七寺詔

門下至人虛己忘彼我於胷襟釋教慈心均異同於平等是知上聖惻隱無隔万方大悲弘濟義猶一子有隋失道九服沸騰朕親揔元戎致茲明罸誓牧登臨曾無寧歲其有桀大愚惑嬰此湯羅銜鬚義憤終于握節各徇所奉咸有可嘉日往月來逝川斯遠雖復項籍放命封樹紀於丘墳紀信捐生丹青著於圖象猶恐九泉之下尚淪鼎鑊八難之間永纏冰炭愀然疚懷用忘興寢思所以樹立福

田濟其營魂可於建義已來交兵之處爲義士凶徒隕身戎陣者各建寺刹招延勝侶望法鼓所震變炎火於青蓮清梵所聞易苦海於甘露所司宜量定處所并立寺名支配僧徒及修造院宇具爲事條以聞稱朕矜愍之意

破薛舉於豳州立昭仁寺

破霍老生於台州立普濟寺

破宋金剛於晉州立慈雲寺

破劉武周於汾州立弘濟寺

破王世充於芒山立昭覺寺

破竇建德於鄭州立等慈寺

破劉黑泰於洺州立昭福寺

右七寺並官造又給家人車牛田莊
并立碑頌德

唐太宗爲戰亡人設齋行道詔

門下刑期無刑皇王之令典以戰止戰列聖之通規是以湯武干戈濟時靜亂豈其不愛黔首肆行誅戮禁暴戢兵蓋不獲已朕自隋末創義志存拯溺北征東伐所向平殄然黃鉞之下金鏃之端凡所傷殪難用勝紀雖復逆命亂常自貽殞絕惻隱之心追以愴恨生靈之重能不哀矜悄然疚懷無忘興寢且釋氏之教深尚慈仁禁戒之科殺害爲重承言此理弥增悔懼今宜爲自征討已來手所誅

翦前後之數將近一千皆爲建齋行道竭誠禮懺朕之所服衣物並充檀捨冀三途之難因斯解脫萬劫之苦藉此弭濟滅怨障之心趣菩提之道

唐太宗度僧於天下詔

門下三乘結轍濟度爲先八正歸依慈悲爲主流智慧之海膏潤群生翦煩惱之林津梁品物任眞體道理叶至仁妙果勝因事符積善朕欽若金輪恭膺寶命至德之訓無遠不思大聖之規無幽不察欲使人免蓋纏家登仁壽冥緣顯膺大庇含靈五福著於洪範三災終於世界比因喪亂僧徒減少華臺寶塔

規戶無人紺髮青蓮擳風沐雨眷言凋毀良
用憮然其天下諸州有寺之處宜令度人爲
僧尼揔數以三千爲限其州有大小地有華
夷當處所度少多委有司量定務取精誠德
業無問年之幼長其往因減省還俗及私度
白首之徒若行業可稱通在取限必無人可
取亦任其闕數若官人簡練不精宜錄附殿
失但戒行之本唯尚無爲多有僧徒溺於流
俗或假託神通妄傳妖怪或謬稱醫筮左道
求財或造詣官曹囑致贓賄或鑽膚焚指駭
俗驚愚並自貽伊戚動挂刑網有一於此大
虧聖教朕情深護持必無寬捨已令依附内

律叅以金科具爲條制務使法門清整所在官司宜加檢察其部内有違法僧不舉發者所司録狀聞奏庶善者必採惡者必斥伽藍淨土咸知法味菩提覺路絶諸意垢

唐太宗斷賣佛像勅

勅旨佛道形像事極尊嚴伎巧之家多有造鑄供養之人競來買贖品藻之拙揣量輕重買者不計因果止求賤得賣者本希利潤唯在價高罪累特深福報俱盡違犯經教並宜禁約自今已後工匠皆不得預造佛道形像賣鬻其見成之像亦不得銷除各令分送寺觀令寺觀徒衆酬其價直仍仰所在州縣官

司檢校勑到後十日内使盡

與暹律師等書　褚亮

竊伏下風久挹高義有懷靡託於邑良深春暮清和道體休納弟子植生多幸早預法緣近於華岳創立僧宇此山藴蓄奇秘控接煙霞削峯累仞靈泉百丈神仙以爲勝地賢哲之所同歸結構雖淹禪誦猶寡厥道興廢弘之在人且棟梁三寶必資龍象之力羽儀四衆尤待鵷鷺之群法師等學洞經典譽宣眞俗實宜共化蒼生昇於彼岸且遠人屈己存乎應物大德忘名唯在伸教理必弘濟無隔遐邇仰願俯從微請降迹來儀則釋遠禪居

遺蹤可擬王珣精舍清塵不沫是所願也是所願也

造興聖寺詔　貞觀三年

門下昔丹陵啓聖華緒降祥叶德神居克隆鴻業朕丕承大寶奄宅域中遠藉郊禋之慶仰惟樞電之祉思園之禮旣弘撫鏡之情徒切而永懷慈訓欲報無從靖言因果思憑冥福通義宮皇家舊宅制度弘敞以崇仁祠敬僧靈祐宜捨爲尼寺仍以興聖爲名庶神道無方微伸凱風之思主者施行

爲太穆皇后追福願文　文帝手疏

貞觀十六年五月御製願文致弘福寺曰聖

哲之所尚者孝也仁人之所愛者親也朕幼椅鞠育之恩長蒙撫養之訓蓼莪之念何日云忘罔極之情昊天匪報昔子路歎千鍾之無養虞丘嗟二親之不待方寸亂矣信可悲夫每痛一月之中再羅難疚興言永慕哀切深衷欲報靡因唯憑冥助敬以絹二百疋奉慈悲大道儻至誠有感冀銷過往之愆爲善有因庶獲後緣之慶

大周二教鍾銘

皇帝製

天和五年歲次攝提五月丙寅造鍾一口冶昆吾之石練若溪之銅郢匠鴻爐化茲神器雖時屬甤賓而調諧寅則故春秋外傳曰所

以詠歌九則平民無二弘宣兩教同歸一揆
金石冥符天人咸契九宮九地遥徹洞玄三
千大千遠聞邊際銀閣應供延法侶而尋聲
金闕降眞儐仙冠而聽響式傳萬古迺勒銘
云　寶際遐曠通玄洞微化緣得業造理因
機靈圖降彩慧日垂暉金河霧集銀澗雲飛
其一 九霄仙籙五岳眞文智烟遐照禪林遠薰
金鼓入夢瓊鍾徹雲音調冬立響召秋分 其二
二教並興雙鑾同振遠赴天霜遥虧地鎭陝
河浮影漢溪傳韻聽響弘法聞聲起信 其三 波
若無底重玄有門長開久暗永拔沉昏不求
正覺莫會天尊唯全智海先度黎元 其四

大唐興善寺鐘銘

皇帝道叶金輪示居黃屋覆燾萬方舟航三界欲使雲和之樂共法鼓而同宣雅頌之聲隨梵音而俱遠乃命鳧氏範茲金錫響合風雷功侔造化騰驤猛虡負簨業而將飛宛轉盤龍繞乘風而如動希聲且發揵槌夕震莫不傾耳以證無生入神而登正覺圓海有竭福祐無窮方石易銷願力無盡

京師西明寺鐘銘　令製

維大唐麟德二年歲躔星紀月次降婁二月癸酉朔八日庚辰　皇太子奉爲

二聖於西明寺造銅鐘一口可一萬斤發漢

水之奇珍探蜀山之秘寶虞倕練火晉曠飛鑪帶龍虡而騰規應鯨桴而寫製聲流九地遐宣厚載之恩韻徹三天遠播曾旻之德寤群生於覺路警庶類於迷塗業擅香垣功齊塵劫式旌高躅敢勒貞金頌其銘曰

青祇薦祉黃離降精濁川毓德搖嶺飛英吹銅表性問寢登情興言淨業載啓香城七珍交鑄九乳圖形翔龍若動偃獸疑驚制陵周室規踰漢庭風飄旦響霜傳夜鳴仰延皇祚俯導蒼生聲騰億劫慶溢千齡

廣弘明集悔罪篇序

終南山釋氏 道宣 撰

夫福曰富饒罪稱摧折富則近生四趣厚報榮祿滿於目前遠則三聖勝相資用豐於群有至於罪也返此殊途良由沉重貪瞋能獲果登苦楚所以罪業綿亘勞歷聖凡凡惟罪聚不足討論綸綱正行事該小學致使須斯二果尚弊於慾癡羅漢漏盡猶遭於碎體是知無始故業逐分段而追徵有爲積障望變易而迴首自古正聖開喻滋彰時張四惑乃三三九品欲使隨念翦撲豈得縱以燎原然以煩惱增繁難爲禁制勃起忽忘早樹根基過結已成追悔無已但以諸佛大慈善權方便啓蹤往咎導引精靈因立悔罪之儀布以自

新之道既往難復覆水之踰可知來過易收補浣之方須列遂有普賢藥上之侶分衢而廣斯塵道安慧遠人儔命駕而行兹術至於侯王宰伯咸仰宗科清信士女無虧誡約昔南齊司徒竟陵王制布薩法淨行儀其類備詳如別所顯今以紙墨易繁略列數四開明悔過之宗轄焉

廣弘明集悔罪篇第九

謝勑爲建涅槃懺啓　梁簡文

六根懺文　梁簡文

悔高慢文　同上

懺悔文　沈約

陳群臣請陳武帝懺文 江總一名沈炯

梁陳皇帝依經悔過文 十首

謝勑爲建涅槃懺啓　梁簡文

臣綱啓伏聞勑旨垂爲臣於同泰寺瑞應殿建涅槃懺臣障雜多災身穢饒疾針艾湯液每黷天覽重蒙曲慈降斯大福冀慧雨微垂即滅身火梵風纔起私得清涼無事非恩伏枕何答不任下情謹奉啓謝聞謹啓

此無所謝也越勑

六根懺文　梁簡文

今日此衆誠心懺悔六根障業眼識無明易傾朱紫一隨浮染則千紀莫歸雖復天肉異

根法慧殊美故因見前境隨事起惡今願捨此肉眼俱瞬佛眼如抉目王見淨名方丈之室多寶踊塔之瑞牟尼鷲岳之光彌勒龍華之始常遊淨土永步天宮　耳根闇鈍多種衆惡恍染絲歌聞勝法善音昏然欲睡聽鄭衛淫靡聳身側耳知勝善之事樂之者希淫靡之聲欣之者衆願捨此穢耳得彼天聰聞開塔管籥之聲彈指謦咳之響諸佛所説悉皆揔持香風淨土之聲寶樹鏗鏘之響於一念中恍然入悟　鼻根過患彌復殖嚚耽染六蘭流連百和鬱金易著瞻蔔難排雖復一薰一蕕叶性難遣空中海上彌不自

覺至如彫爐在彼翠霧飛煙識染相牽彌生織累所以蝍蛆甘螮自謂馨香烏鵶嗜鼠不疑穢惡今願捨此鼻根得彼天受振裳躧步跨栴檀之迥林提囊拭鉢捧香積之寶飯長離穢濁永保清昇

舌根障重染惡尤深毒刺爭興惡虵競起既會五黃六禽之旨又甘九鼎八珍之味所以焚山破卵涸水枯鱗鼉臛不斟有染指之過羊羹不及致入陣之苦雖復鵖䐿鹿胃猶不稱甘鳳肺龍胎更云不美雖羅鼎俎未必皆當在彼衆生於命已酷或復間朋亂友破俗傷眞變紫奪朱反白爲黑所以讒言三至曾母投杼端木一說越霸吳

亡故知三寸之舌未易可掉駟馬既出於事
難追願斷煩惑入清淨境既同阿難乞乳之
譏又等淨名寂默之致餐禪悦之六味服善
法之三德形恭心到永趣菩提
身根頑觸唯貪細軟質體塵礙不重戈矛莫
不愛我輕他陵人傲物縱此裸蟲不羈醉象
六塵四倒自此而生五蓋十纏因斯而致所
以象簟清閨遨遊於夏室重衾孤白温煦於
冬房結駟廣厦動靜必安鷁首翠樓去來有
託所以三業之過出自機關四大假成豈有
眞我願捨此畫瓶得彼金色淨寶珠之法飾
照瑠璃之慧體長歸五分永等十身

意識攀緣其罪山積險同夢幻譬若猴猨懸
鏡高堂一念難靜走丸索上百慮先馳至如
二十五有紛繞不息九十八使驚鶩無巳所
以灰心滅智行拔於三乘風禪靈飲道高於
六度今願斷此意根袪累斯盡心當恬怕洞
照無生一切衆罪悉滅俗門三界異途歸之
眞域懺悔巳竟誠心作禮

悔高慢文　同上

弟子蕭綱又重至心歸依三寶竊聞記稱弗
慠表洙泗之遺文經云不慢驗踰闍之妙典
故一遇恒神陵伽尚卒餘習上賓天帝准南
猶有誤辭亦有才曰隱倫調唯高俗猶足坐

稱晉君立前齊主況復道隆三學法兼五衆如過前殿似出北門而不密室致恭遺弓接足敢藉勝緣願起弘誓從今日始乃至菩提於諸出家悉表虔敬方欲削除七慢折制六根賓頭下步庶無厥咎耆達棄車方思景慕幽顯大衆咸爲證明

懺悔文

沈約

弟子沈約稽首上白諸佛衆聖約自今生已前至于無始罪業參差固非詞象所筭識昧往緣莫由證舉旻始成童有心嗜慾不識慈悲莫辨罪報以爲毛群魵品事允庖厨無對之緣非惻隱所及晨剉暮爚亘月隨年嗛腹

塡虛非斯莫可兼曩昔蒙稚精靈靡達遨戲之間恣行夭暴蠢動飛沉罔非登俎儻相逢值横加剿撲劫數追念種彙寔蕃遠憶相間難或詳盡又暑月寢卧蚊虻嗜膚忿之于心應之于手歲所殲殞略盈萬計手因怒運命因手傾爲殺之道事無不足迄至于今猶未頓免又甞竭水而漁躬事網罟牽驅士卒懽娛賞會苦斯等輩衆夥非一黨隸實遊慫售交互或盜人園實或偷人藝蓁弱性蒙心隨喜讚悅受分吞贓皎然不昧性愛墳典苟得忘廉取非其有卷將二百又綺語者衆源條繁廣假妄之愆雖免大過微觸細犯亦難備

陳又追尋少年血氣方壯習累所纏事難排
臺淇水上宮誠無云幾分桃斷袖亦足稱多
此實生死牢穽未易洗拔懽志慘舒性所同
稟遷怒過直有時或然厲色嚴聲無日可免
又言謯行止曾不尋研觸過斯發動淪無紀
終朝紛擾薄暮不休來果昏頑將由此作前

念甫謝後念復興尺波不息寸陰驟往愧悔
攢心罔知云厝今於十方三世諸佛前見在
衆僧大衆前揞心剋己追自悔責收遜前愆
洗濯今慮校身諸失歸命天尊又尋七尺所
本八微是構析而離之莫知其主雖造業者
身身隨念滅而念念相生離續無已往所行

惡造既由心行惡之時其心既染既染之心雖與念滅往之所染即成後緣若不夲諸眞諦以空滅有則染心之累不卒可磨今者興此愧悔磨昔所染所染得除即空成性其性既空庶罪無所託布髮頂禮幽顯證成此念一成相續不斷日磨歲瑩生生不休迄至道場無復退轉又彼惡加我皆由我昔加人若不滅此重緣則來惡彌遘當今斷絶永息來緣道無不在有來斯應庶達令誠要之咸達

陳群臣請陳武帝懺文　江揔文

某位某甲稽首和南十方三寶一切諸佛十方三世一切尊法十方三世一切賢聖見前

大德僧皇帝某諱菩薩睿哲聰明廣濡齊聖
心若虛空照窮般若發弘大誓荷負衆生神
道會昌膺茲景業百王既季運屬艱難五岳
維塵六軍日動劬勞在念有切皇心既而深
悟苦空極信無我寶臺華柱本非實錄賊城
樓櫓苦具茲多遂坐道場靜居禪室堅固善
本具足檀那石壁山河珍車象馬頭目髓腦
妻子國城鑾輅龍章翠帳玉机福德所感威
惠所及莫不肅然大捨供養三尊便欲拂衣
崆峒高步六合到林間而宴坐與釋種而同
遊紫微虛宮黃屋曠位上靈聳動厚土怔惶
弟子等身纏愛惑業構煩惱天生蒸民樹以

司牧惵惵黔首非后罔戴豈容致尊居萬乘
而伸獨往之情應在帝王而爲布衣之事且
蠻夷猾夏寇賊姦宄燧人警識日照甘泉之
火四郊多壘未肆樓船之威若使七聖遂迷
窅然汾水之上八駿沃若方在瑶池之濱則
天下何依群臣莫奉宗社廟堂有廢彛則弟
子不勝狼狽之切謹捨如干錢如干物仰覥
三寶大衆奉贖皇帝及諸王所捨悉還本位
伏願十方三寶見前大德僧以慈悲力用無
礙心坐道放光顯揚宣說歡喜和合超然降
許當使皇帝望雲望日之姿與南山等固乃
神乃聖之德與北極同尊中宫后妃之星金

禎玉幹之戚窮積善之慶盡萬歲之懽玉鑾迴鑣金門洞啓百辟翹首搢紳並列願塵勞與雲沴俱銷億兆與天地同泰慊慊丹愚敢以死請弟子某和南

摩訶波若懺文　梁高祖

菩薩戒弟子皇帝稽首和南十方諸佛及無量尊法一切賢聖觀夫常樂我淨蓋眞常之妙本無常苦空乃世相之累法而苦樂殊見分別之路與眞俗異名計著之情反顛倒我人之所彌見愚癡取捨有無之間轉成專附豈知妙道無相至理絶言實法唯一眞如不二諸佛以慈悲之力開方便之門敎之以遣

蕩示之以冥滅百非俱棄四句皆亡然後無
復塵勞解脫清淨但般若之說唯有五時而
智慧之旨終歸一趣莫非第一義諦悉是無
上法门弟子頗学空無深知虛假王領四海
不以萬乘爲尊提受兆民弥覺萬幾成累海
時丕顯嗟三有之洞然終日乾乾歎四生之
俱溺常願以智慧燈照朗世間般若舟航濟
渡凡識今謹於某處建如干僧如干日大品
懺現前大衆至心敬禮慧命須菩提願諸衆
生離染著相迴向法喜安住禪悅同到香城
共見寶臺般若識諸法之無相見自性之恒
空無生法忍自然具足稽首敬禮常住三寳

金剛般若懺文

梁武帝

菩薩戒弟子皇帝稽首和南十方諸佛無量尊法一切賢聖如來以四十年中所説般若本末次第略有五時大品小品枝條分散仁王天王宗源泒别金剛道行隨義制名須眞法才以人標題雖復前説後説應現不同至理至言其歸一揆莫非無相妙法悉是智慧深經以有取之既爲殊失就無求也彌見深乖義異去來道非内外遣之又遣之不能得其眞空之以空之未足明其妙眞俗同棄本迹俱冥得之於心然後爲法是以無言童子妙得不言之妙不説菩薩深見無説之深弟

子習學空無修行智慧早窮尊道克己行法方欲以家形國自近及遠一念之善千里斯應一心之力万國皆歡恒沙衆生皆爲法侶微塵世界悉是道場今謹於某處建如干僧如干日金剛般若懺見前大衆至心敬禮釋迦牟尼佛金剛般若禮長老須菩提願諸佛菩薩以般若因緣同時集會哀憐萬品護念群生引入慧流同歸佛海得金剛之妙寶見金牒之深經頂戴奉持終不捨離逮得己利盡諸有結心行自在無復塵勞稽首敬禮常住三寶

勝天王般若懺文　陳宣帝

菩薩戒弟子皇帝稽首十方諸佛無量尊法
一切賢聖自鶴林滅迹鷲嶺凝神瓶寫揔持
遺文不墜傳燈流布法輪踰廣方軌弘宣既
昭著於西域分鑣顯說亦漸移於東土而周
朝徵應止見夜明漢帝感通不過宵夢香象
所載虎觀寂而未聞龍宫所藏麟閣閴其無
取山海爲隔傳授蓋微華夷不同翻譯何幾
天王所問止得經名金剛之經纔見一品歷
魏晉而未備經宋齊而恒闕我皇帝承家建
國光前絕後道格天地通被幽微大啓慈悲
廣開智慧施造化以仁壽濟蒼生於解脱異
世界而承風殊剎土而嚮應眞人間出法寶

傳通粤以天嘉六年外國王子月婆首那來遊匡嶺慧解深妙靡測聖凡奉持勝天王般若經一部於彼翻譯表獻京師某校彼前名冥合符契揔三乘之通教貫六度之淵海如開暗室以照優曇十方衆生若貧人之獲寶四部弟子等力士之得珠金牒寶印始茲辰而一啓智慧寶法洎介時而方具故知如來付囑必俟仁王般若興隆期於聖運弟子纂承洪緒思弘大業願此法門遍諸幽顯今謹於某處建如干僧如干日勝天王般若懺見前大衆至心敬禮本師釋迦如來禮般若波羅蜜禮勝天王願一切衆生勤求般若不避寒

暑如薩陀波崘不愛身命如精進力菩薩得般若之性相與般若而相應攝諸万有任安隱地舍靈有識悉獲歸依稽首敬禮常住三寶

妙法蓮華經懺文

陳文帝

菩薩戒弟子皇帝稽首和南十方諸佛無量尊法一切賢聖竊以前佛後佛種種因緣已說當說各各方便莫非眞語悉爲妙法理無二極趣必同歸但因業因心稟万類之識隨見隨著異群生之相品位分淺深覺悟有遲速法雨一味得之者參差法雷一音聞之者差別是以小乘頓教由此各名聲聞菩薩因斯分路至如鹿苑初說羊車小乘灰斷涅槃

分段解脱以諸佛之善巧會衆庶之根機是
曰半字未稱三點及夫會三歸一反本還源
說大乘經名無量義滅化城於中路駕寶車
於四衢衣裏明珠隱而還見髻中眞寶於焉
始得出寶塔於虛空踊菩薩於大地見希有
事證微妙法最勝最尊難逢難值弟子以因
地凡夫屬符負荷方欲憲章古昔用拯黎元
竊以羲皇結網深失大慈成湯解羅猶非妙
善揚旌丹水異道樹而降魔執玉塗山非寶
坊之大集所以憑心七覺繫念四勤住菩薩
乘顯無三之教學如來行開不二之門汲引
群迷導示衆惑今謹於某處建如干僧如干

日法華懺見前大衆至心敬禮釋迦如來多寶世尊禮妙法華大乘經典禮普賢菩薩妙光法師願多寶如來從地涌出普賢菩薩乘象空來並入道場證明功德擊大法鼓轉妙法輪震動世間覺悟凡品令使盡空法界無復聲聞無邊衆生皆爲菩薩揔持性相同到無生稽首敬禮常住三寶

金光明懺文　陳文帝

菩薩戒弟子皇帝稽首和南十方諸佛無量尊法一切賢聖尋夫靈鷲山間自有常住之相白鶴林處本無變易之法故知眞解脫者誰辨去來實智慧者非有生滅而顛倒迷愚

不曉三點之理無明覆蔽空有八十之疑於
是四佛世尊百千菩薩俱會性相之室顯説
釋迦之壽明稱歎之妙偈出懺悔之法音是
曰經王微妙第一以種智爲根本以功德爲
莊嚴能照諸天宫殿能與衆生快樂能銷變
異惡星能除穀貴饑饉能遣怖畏能滅憂惱
能却怨敵能愈疾病如法修行功德巳甚弟
子以兹寡昧纂承洪業常恐王領之宜不符
政論御世之道有乖天律庶績未康黎民弗
乂方願歸依三寶憑藉冥空護念衆生扶助
國土今謹於某處建若干僧如干日金光明
懺見前大衆至心敬禮釋迦如來四佛世尊

金光明經信相菩薩願諸菩薩久住世間諸天善神不離土境方便利益增廣福田映慈悲雲開智慧日作眼目道爲依止所成就菩提之道場安住不動之境國稽首敬禮常住三寶

大通方廣懺文　　陳文帝

菩薩戒弟子稽首和南十方三寶竊以諸佛刹土不可言說如來稱号無有限量或過去見在共取頗羅之姓或同時異世俱有釋迦之名或明王十億或燃燈三萬去來三界遍滿十方聞名者離塵受持者得道其爲功德難用思議釋迦如來以無礙力遊娑羅之淨道止

吉祥之福地寶池化生金花自踊說大通方廣出三寶名号譬如六天捴歸一乘弟子用慈悲之心修平等之業常以万邦有罪責自一人四生未安理爲重任所以薫修在己日夜忘勞精進爲心夜分未息菩薩行處皆願受持諸佛法門懸令如說欲使普天率土無復怖畏之塵蠕動蜎飛永得歸依之地今謹依經教於某處建如干僧如干日行方廣懺悔讀誦百遍右遶七帀塗香末香盡莊嚴之相正念正觀聲精懇之心見前大衆至心敬禮本師釋迦如來禮方廣經中所說三寶名字願諸佛菩薩尋聲赴響放淨光明照諸暗濁施

清涼水滅茲渴愛登六度舟入三昧海揔万有而會眞如齊三界而登實法稽首敬禮常住三寶

虛空藏菩薩懺文　陳文帝

竊以菩薩之於衆生是大依止觀察性相隨機濟拔一人未度不證道果往古今來行願如一而虛空藏菩薩最爲勝上爲衆中之幢王爲大明之尊主具諸佛之智慧得如來之秘密至因夢見形隨緣示相一聞稱号水火不能焚溺一心稱名刀杖不能傷害壽命財產之願念而必諧色聲味觸之須求而皆遂身心疾惱憐愍療治牢獄怖畏方便解釋此

蓋隨從世法安樂衆生及夫動神變相去香
集之境放淨光明來閻浮之界入三昧定除
煩惱熱說陀羅尼破惡業障五濁惡世一時
清涼五根本罪並皆解脫此則開世間之眼示
涅槃之路弟子承如來之教稟諸佛之慈國
被菩薩之功家行大士之業方願十方刹土
悉有一乘十方衆生皆修十地今謹於某處
建如干僧如干日虛空藏菩薩懺見前大衆
至心敬禮本師釋迦文佛禮勝花敷藏如來
禮陀羅尼神呪禮虛空藏菩薩願虛空藏菩薩
尋聲應赴現神通力開智慧光以種種身遊
諸國土度脫衆生不乖誓願稽首敬禮常住

三寶

方等陀羅尼齋懺文　陳文帝

竊以三世諸佛以誓願因緣十方如來以智慧方便縱無礙之辯開無盡之門法流派別宗源無限法本分散枝條不極非直摩訶般若獨有八萬四千至於陀羅尼門亦有九十二億處處宣說種種名稱功德無量威神不測至如婆藪之拔地獄波旬之發菩提花聚之獲神通雷音之脱掩蔽莫不因斯章句承茲業力亦有四部弟子十方衆生聞一句而發心聽一說而悟道故知一切諸法無非眞妙弟子側身修行所學者菩提所食夙興所

行者濟度一心之力攝取衆生一念之頃遍
諸法相如來種智皆願揔持諸佛功德悉欲
流布今謹於法典本之經教見前大衆至心
敬禮釋迦牟尼佛禮陀羅尼章句禮雷音比
丘禮華聚菩薩願承此功德調伏衆生滅三
毒心破十惡業四百之煩惱自然清淨八萬
四千塵勞一時解脫得神呪之力具法印之
善入陀羅尼門觀諸佛境界頓銷獄火永盡
無餘稽首敬禮常住三寶

藥師齋懺文　　陳文帝

竊以諸行無常悉爲累法萬有顛倒皆成苦
本熱燄鏡像知變易之不停漂草爨茅見生

滅之奔迅隨業風而入苦海逐報障而趣幽
途去來三界未見可安之所輪迴五道終無
暫息之期藥師如來有大誓願接引萬物救
護衆生導諸有之百川歸法海之一味亦能
施與花林隨從世俗使得安樂令無怖畏至
如八難九横五濁三災水火盜賊疾疫饑饉

怨家債主王法縣官憑陵之勢万端虔劉之
法千變悉能轉禍爲福改危成安復有求富
貴須禄位延壽命多子息生民之大欲世間
之切要莫不隨心應念自然滿足故知諸佛
方便事絕思量弟子司牧寡方庶績未乂方
憑藥師本願成就衆生今謹依經教於某處

建如干僧如干日藥師齋懺現前大衆至心敬禮本師釋迦如來禮藥師如來慈悲廣覆不乖本願不棄世間興四等雲降六度雨滅生死火除煩惱箭十方世界若輪燈而明朗七百鬼神尋結縷而應赴障逐香燃災無復有命隨幡續漸登常住遊甚深之法性入無等之正覺行願圓滿如藥師如來

娑羅齋懺文　陳文帝

尋夫眞解脫者本自不生實智慧者今亦無滅故知鶴林變色非變易之文鷲山常在實常住之法但世界不一應赴所以不窮衆生無邊方便所以無際隨念隨著種種法門因

業因心各各示見或八十小劫端坐之相禾
移方八十年無餘之機巳及熙連河側晨朝
之色忽明娑羅樹間中夜之聲便寂最後功
德是曰茲辰弟子有緣閻浮囑當重任愍群
生之顛倒嗟庶類之愚迷常願造六度之舟
濟之於彼岸駕一乘之御驅之於中道今謹
於太極殿設無礙大會百僧一夕娑羅大齋
願法雨法雲清涼三界之火慧燈慧炬照朗
百年之室常住二字人天共聞伊字三點凡
聖並悟無勞迦葉之問不待須跋之疑一切
種智而爲根本無量功德以自莊嚴意樹開
解脫之花身田合定慧之水居處吉祥之地

枕藉福德之揚與二氣而俱貞隨四時而納
祐日月天子照合璧於大千星辰宮殿散蓮
珠於百億慈悲轉雨與祥風而並飛菩提寶
雲共飛煙而合彩六合四海無復塵勞六道
四生俱蒙清淨

無礙會捨身懺文

陳文帝爲皇太后大捨寶位竊觀雅誥奧義
皇王興在予之言禮經令與聖人揚罪己之
說故云身濟物仁者之恒心克己利人君子
之常德況復菩薩大士法本行處應赴三界
攝受四生運無量之四心修平等之六度國
城妻子僶俛哀荒承祖宗之大業扶曳喘息

當天下之重任黎民弗乂庶績未熙御朽履
冰無忘兢業乂以世相泡影有爲露電愛河
奔迅欲海飛騰稟識同焚含靈共溺垂瑱憑
玉還覺万乘非尊當宁負扆飆以萬機成累
夕惕若厲思弘級引每旦不顯奉爲七廟聖
靈奉爲皇太后聖御奉爲天龍鬼神幽冥空
有三界四生五道六趣若色若想若怨若親
若非怨親遍虛空滿法界窮過去盡未來無
量名識一切種類平等大捨弟子自身及乘
輿法服五服鑾輅六冕龍章玉几玄裘金輪
紺馬珠交瓔珞寶飾莊嚴給用之所資待生
平之所玩好並而檀那咸施三寶今謹於前

殿設無礙大會奉行所願弁諸功德具列于
前願諸菩薩冥空幽顯俱到證明開智慧日
映慈悲雲樹寶幢於大千擊法鼓於百億震
動世界覺悟群生放三昧之淨光流一味之
法雨引愚癡於火穽拔煩惱於棘林出輪轉
河到無生岸

廣弘明集卷第二十八

聚

勑賚下郎代反錫丨琰以檢反遴力進反鎬于均反綽昌約反
屺岵起戶二音隋煬上音隨下余向反暹息廉反褚皃上丑呂反
拓拔珪上音託中蒲末反複姓也下音圭王名也白氈下之然反毛席也
叡德上羊歲反聖也荼蓼上音徒下音了丨丨苦菜也左衽下汝審反
衣襟也嗟悼下音盜洢洛上音依或作伊牙簟下徒黠反蓆丨也

洒掃上所馬反微薄下蒲鶴反纂統上子管反繼也山荏下[illegible]錦反
縣名黔首上巨兼反黑首民也有歸歸字諱許謂反儲嗣上音除下
音寺副君也闢毗益反儆衛上音景亦作警懋莫候反美也妊姒
二字音任似宮掖下音亦宮禁左右便門也嬪房上音頻妣丨也山藪
下音叟丨澤也蜎飛上兄緣反細虫飛類也簉初瘦反充也浣濯
伴反亦作浣俗濁丨丨洗壤汝兩反侈昌尒反奢

丨也嚾腹上苦點反飢丨也謎䴘上秉一反蕭也下音阻肉扎也庖步交
反廚也飫於去反飽也俸扶用反丨祿也笥相寺反箱篋也櫝有上音
讀匣也羸衾上音盈餘也剩也下音欽被也窶室上其主反貧也玄枵
下許嬌反星名也歲在丑曰丨丨也損徹下直列反壞也寘之上之義反楚
組下音祖丨綬埃壤上音海兩反丨哀下丨塵七反疢心上音救中
㨨下似宣反蕃麾上方煩反下許爲反旌小也黼音甫黑白文似斧文緌

御上音安也雖褰去乾反正作騫衸也舛昌軟反差|萬祉下音
耻福也儷目上零帝反足也惟祺下音其祥反祚才故反福也
崇蔑下音蔑飛蔑也遘羅上古候反遘遇也下力哥反徂暑
上自姑反六月||也六銖下音殊二十四銖為一兩法花經云海此岸栴檀
香六銖價直娑婆世界袪斯上丘居反散也郢州上以領反重繭
下古典反布蠒蚕|也城雉下直里反壿也步捫下音門摩|
長塍下時陵反田道也耻緝下七入反續也荀鍼上息旬反
下音針曾縞下古老反繒之素者齊紈下胡官反綃之
好者田疇下直流反三銖下音殊淨居天人衣章||華
比上才遂反集也未裸下玄瓦反||露也剝本作褁補篤反剬幅
也
一
)
駛河上使史

丨疾流也愛藤下徒登反確乎上口角反堅也僧傑
下渠列反才智出人曰丨杵臼上尺呂反下音舅民隸下零
帝反沂川上魚衣反邵南上時照反綴知衛反甘棠下音
堂冀州上居異反褰襜上去乾反下尺廉反帷也賈琮丨丨布政也
扁鵲上蒲犬反古之醫人也姓秦名越輻湊上音福下七奏
反丨丨如車輻倂湊於轂也琰以檢反對玩下忨貫反羌夕
上苦良反發語之端也或作睠然上眷字可孱下助連反
劣貞也劣寸衿下音金正作襟倩師上千見反善謔下許約反言戲
也瘳音抽病安也覯止上古候反見也繹音亦遄
市緣反速也云遒下自由反盡也青緹音提紅色繒也芳
杜下徒戶反棠梨樹也薜蘿上蒲閉反馮翊下音翼郡名也林
籞下音語苑也又水岸閑鳥獸之屋跼步上渠玉反曲也北眺下他弔反

望也溆浦上音序水浦也挹琁上音邑酌也下音旋藩維上音翻脁
屣下所綺反鞋丨向詡上詩尚反下兄羽反榻音塔椅也抵掌上音只側
掌也航戶剛反舟萱蘇上音喧忘憂草也北茨
下在咨反草舍也楸檟上七由反下古馬反梓木也大葉曰楸小葉曰檟藿
食上兄郭反野菜也包篚下方尾反筐丨靳居近反丨固也詣調上戶
皆反下徒弔反丨丨諱弄也契闊上苦結反之遴下良刃反屠鱠下俱外反

破潰下玄對反散也奉塋下音營安厝下七故反置也
釁許近反禍也荼蓼二字音徒了苦菜也下又音六丨莪蒿也糜潰
上密碑反爛也下玄對反散也尋繹下音亦解也無硋下礙字崩衂
下尼六反摧也遨遊七莫高反水嬉下許之反戲也摐金上楚江反
打鍾皷也摐七容反鏦矛也飛旆下蒲貝反旗丨遊逗下音豆瘵側賣
反疾丨蹇廢上居偃反勗許玉反綽昌約反戈楯上古和反矛也

下時尹反傍牌也日礌下音低漢巨名釡||菟徑上正作兎慶牽
下幸字乂安上魚吠反鍘戟下居逆反黔首上巨廉反同前芻與
上楚俱反肖翹上音笑玄扈下音戶龜靈負書之水名西琯
下音管故以玉為管故從玉南巹下音暢秬巹香草釀酒也操龜上七刀反
膜拜上莫胡反同前也懾然上之葉反禔福上音支一音提
善也安也垂旒下音流晃|也同前徇詞閏反屑先節反
蝤蠐由二音細蟲朝生暮死蟪蛄惠姑二音小蟬也[illegible]墟下字
丘居反䜌音秘凝鑾下郎端反|車仿蹕上步忙反音畢同前下荒
裔下羊毋反邊|姜水上音薑祉邁上音耻福|也下莫敗也菹丕
下延悲反大也磐石上音盤揆日上求癸反仞錐上音刃下直介反墻
也高七尺日仞一丈三尺日雉几席上居矣反作孚下芳無反信也庭畦
上悲二反廕也下萌田民也聊音寮略也殫音丹畫也規摹上俱弥反下莫

胡反宏博上惠萌反大也逞功上丑領反靡贊上密碑反荃

菼上莫交反下在咨反侈麗上昌介反嘯吒上蘇弔反吟丨也下竹嫁反叱

也肸饗上許乙反下許兩反丨丨遍布也功侔下音年等也陟怙

下音户陟屺下音起隙影上丘逆反壁孔也穹昊上丘弓反下胡

道反丨丨天也樊鄧上音煩二州名頓額下蘇朗反以手至額也騁丑領

反馳[illegible]之援下音院丨助也鳴夔下具龜反丨獸如龍黃帝以其皮冒被鼛

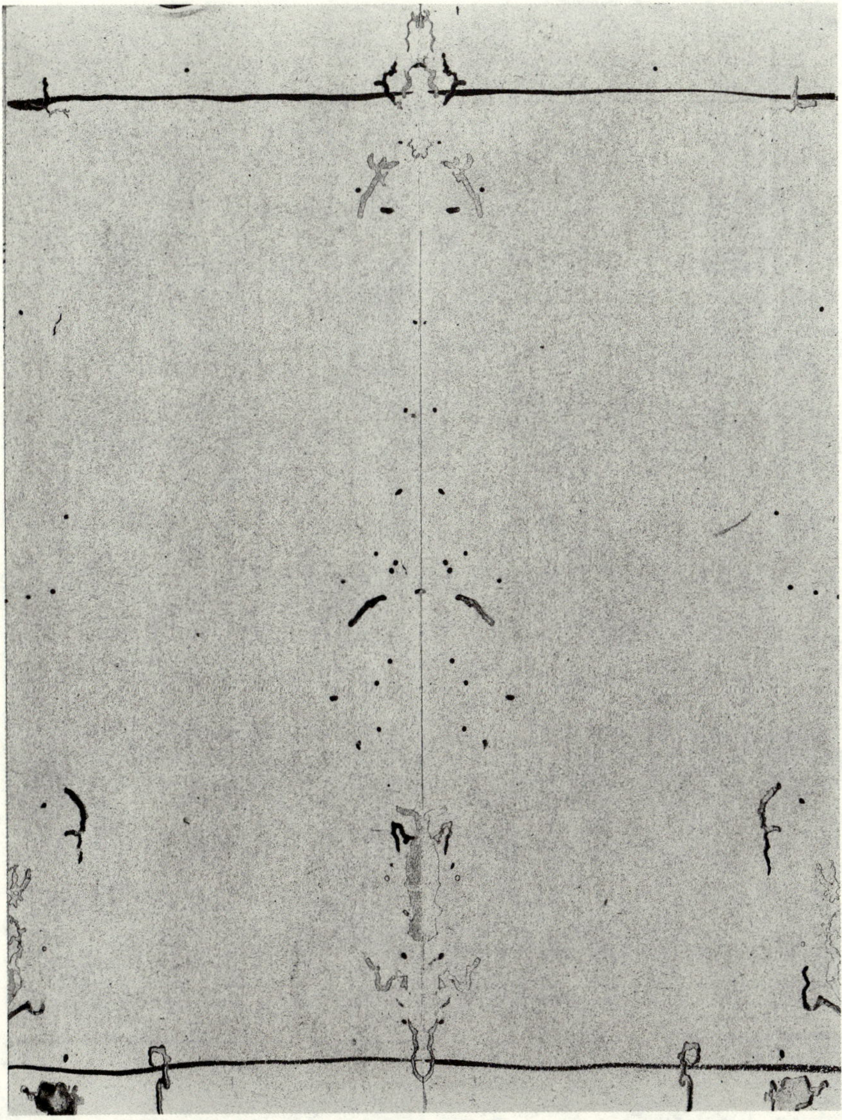

也星紀歲在子曰||降婁下音樓一月星名虞倕下音垂神農時
巧人名也鯨桴上巨京反下音浮鍾槌也曾旲下音閣香垣下音園墻
也高躅下直欲反跡也渦川上烏和反鯍德上余六反長也綿亘
下古鄧反歷也翦撲下普木反打|燎原上力照反放火燒野也補浣
下玄伴反洗|也宗轄下遐葛反沈炯下俱茗反湯液下音亦黷音讀
肉眸下莫浮反眼也瞬詩閏反目動也暗鈍下徒困反管籥下音藥笛
也謦咳上苦頂反下苦愛反||出聲也□嚚下言銀愚也瞻蔔
上之廉反下蒲北反一薰下凡云反香草也一蕕下音由臭草也蝍蛆
上音即下子余反||小蜈蚣也甘螮下正作帶虵也躧步上蹚此反徐步
也跨苦化反|起也涸水上音鶴水鶡也黿臛上音亢龜之類也下呼各
反羹|也鴇□上音保鳥似鴈羽文似虎下於六反鳥鵬也一音奥鹿
胃下音謂鳳胏下芳吠反鼎組上音頂鍋|也下音阻肉机也讒言

上助衙反投杼下直呂反織梭也掉徒弔反｜動也裸蟲上玄瓦反羈
居宜反象簟下徒點反蓆｜重衾下音欽｜被也廣廈下音
下｜｜大屋鷁首上吾擊反船也｜鳥名船頭作鷁首麥彼不畏鷲鷲下音
務馳｜也恬怕上徒添反下疋陌反｜｜安靜也洙泗上音殊｜｜水名
坐痺下卑二反坐久氣不行也魪品音介鱗｜也庖
廚上步交反晨刨下倉反胡賛暮爚下音藥湯業也嗛腹
上苦點反飢｜蒙稚下直利反童｜也剿撲上子小反殺也下疋木反打也
種彙上上聲下音謂類也寔蕃下音煩蚊虻上音文下莫庚反噆
膚上子雜反口｜也下音夫皮｜也殲殞上子廉反滅也下羽敏反亡也網
罭下于力反魚網也衆夥下音禍多也愆眚上去乾反下色行反｜｜
罪過也攘人上而羊反却也蒭豢上昌朱反草飼之音曰｜牛羊之類是也
下音患穀飼猪犬之類之畜曰｜吞贓下則郎反排豁下呼括反淇

水上音其牢穽下音淨地坑也攢心上自官反洗濯下音濁瑩
紆定反遘下古候反遇也睿哲上羊歲反下音折樓櫓下音曾城上棄
敵樓也鑾輅鸞路二音人君車也朱雀銜鈴在車衡之上如鸞聲也崆峒
空同二音山名也恇惶征皇二音惵黔上音牒懼負巨兼反同前下猾
夏上玄八反狡丨也姧究下音軌燧人上音遂燧烽火也叅壘
下呂水反軍屯壁也窅然上煙曉反紛氷上音蔡彝則上音夷法也常
也狼狽郎貝二音閙亂皃金禎下音貞主幹下古旦反迴鑣
下必苗反馬銜也百辟下必亦反搢紳進申二音同前雲祆下音麗妖
氣也慊苦點反恨切也盪音蕩泒別上疋賣反分流也驎閣上正作麟
音隣闃其上苦役反寂也粵以上音越寶卬下印字洎其器反又
也纂承上子管反繼也弗乂下魚吠反安也蠕動上音軟
蠉飛上紆縁反婆婁下蘇走反旰食上古旦反日高也亹

芧上麁[illegible]反|憢|下莫交反|草僶俛上弥忍反下音免埀瑱下他見反冕上垂玉也當宁直呂反人君視朝所立處禮記曰天子當宁而立也負扆於豈反禮記去如緹素屏風畫斧文設於廟堂也天子見諸侯則衣而立扆故明堂位立天子負扆南向而立見也

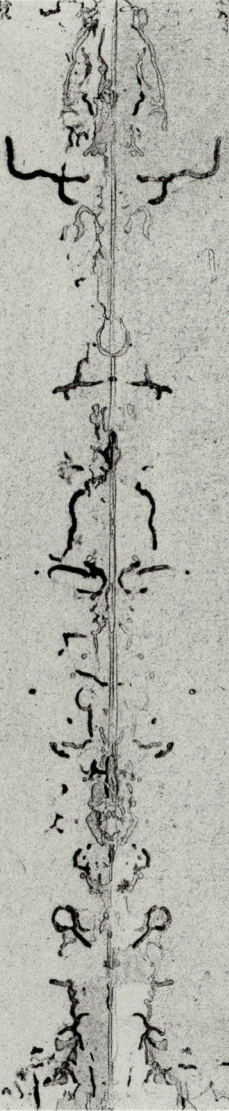